Lies mich! Herbst (2)

Magazin in einfacher Sprache

Gisela Darrah

Impressum:
© 2025 Gisela Darrah
Verlag: BoD · Books on Demand GmbH,
Überseering 33, 22297 Hamburg, bod@bod.de
Druck: Libri Plureos GmbH, Friedensallee 273,
22763 Hamburg
ISBN: 978-3-7693-5554-3

Inhalt

....

Reportage:

Bahnfahren

– *Meine Damen und Herren. Ich möchte gern wissen: Fahren Sie gern mit der Bahn oder nehmen Sie immer das Auto?*

Manfred Kreis: *Welches Auto? Ich habe keins. Meine Arbeit liegt 20 km entfernt in der nächsten größeren Stadt. Dorthin kann ich mit der Bahn oder mit dem Bus fahren. Ein Auto ist teuer. Ich verdiene nicht so viel. Ohne Auto kann ich viel sparen.*

Katrin Gerold: *Mit der Bahn? Oje. Da kann man ja nicht spontan etwas unternehmen. Und abends kommt man nicht nach Hause, wenn ein Konzert aus ist.*

Außerdem sind meine Arbeitszeiten unregelmäßig. Ich bin Maklerin und muss zu Terminen bei Kunden fahren. Nein, nein, bei mir geht das gar nicht.

Gudrun Blum: *Ab und zu. Zum Beispiel in den Urlaub. Da reise ich gemütlich mit der Eisenbahn im ICE. Ich kann in Mannheim einsteigen, lese im Zug ein bisschen und kann in Berlin aussteigen.*
Ja, ich mache gern Städtereisen mit der Bahn. Zur Arbeit nehme ich mein Auto.

Enno Schmitt: *Ich fahre mit der Bahn zu Geschäfts-reisen. Da kann ich unterwegs arbeiten. Ich habe immer meinen Laptop dabei. Das geht im Zug ganz bequem. Mit dem Auto müsste ich mich beim Fahren anstrengen und komme dann müde an.*

Klara Walter: *Ich bin 64 Jahre alt. Ich habe ein Ticket für Senioren. Das ist sehr praktisch. Ich bezahle nur 40 € im Monat und kann überall in unserem Gebiet fahren. Ich fahre oft zum Einkaufen in die Stadt. Ich mache am Wochenende mit meiner Freundin Ausflüge. Ich bin sehr froh über das günstige Ticket.*

Stefan Kleinbauer: *Das Bahnfahren finde ich zu teuer. Jetzt kostet es schon wieder mehr! Ich habe nicht viel Geld und auch kein Auto. Im Sommer fahre ich viel mit dem Fahrrad. Aber im Winter bin ich viel zu Hause. Ich kann es mir nicht leisten, meine Verwandten in anderen Städten zu besuchen. Das müsste günstiger werden.*

Oliver Junker: *Ich fahre jeden Tag in die Kreisstadt zur Schule. Da muss ich aufpassen. Manchmal vergesse ich* meine Netzkarte.

Einmal habe ich eine andere Jacke angezogen, weil es plötzlich kalt war. Und in der alten Jacke war meine Fahrkarte. Die Zugbegleiterin hat gesagt: „Du musst Strafe bezahlen!"

Aber ich hatte Glück. Eine Frau neben mir sagte: „Ich kenne ihn.

Er fährt jeden Tag mit diesem Zug. Er hat eine Netzkarte."

Da sagte die Zugbegleiterin: „Na, gut. Dann ist es in Ordnung."

Wissen:

Der Regenbogen

Es hat geregnet. Plötzlich sehen wir am Himmel einen
Regenbogen.
Oh, wie schön!

Wie entsteht ein Regenbogen? Das Sonnenlicht fällt auf Regentropfen.

Dann kann man verschiedene Farben sehen. Das Licht besteht aus allen Farben.

Oben ist der Bogen immer rot und unten violett.

Die Reihenfolge der Farben ist: Rot, Orange, Gelb, Grün, Blau, Indigo, Violett.

Man kann den Regenbogen nur sehen, wenn man die Sonne im Rücken hat. Manchmal sind es sogar zwei.

Man kann nie zum Ende des Bogens gelangen.

In allen Kulturen spielt der Regenbogen eine Rolle. Er wird oft als Brücke zwischen Gott und den Menschen gesehen. Die irische Mythologie besagt: Am Ende des Bogens liegt ein Goldschatz begraben. Nur schade, dass man das Ende nie erreichen kann.

Im Judentum und im Christentum ist der Regenbogen ein Zeichen von Gott für die Menschen. Ein Versprechen, dass es immer Saat und Ernte geben wird.

Die Organisation Greenpeace hat den Regenbogen als Symbol.

Es gibt auch Fahnen in den sieben Farben des Regenbogens. Zum Beispiel früher die Flagge der Inkas.

Eine Fahne mit den 7 Farben und der Aufschrift „Peace" ist Symbol der Friedensbewegung.

Der Regenbogen ist für alle Menschen eine schöne Überraschung am Himmel. Menschen bleiben auf der Straße stehen und freuen sich.

Die Menschen staunen über dieses Wunder der Natur.

Unterwegs:

Bad Kreuznach

Bad Kreuznach ist eine Stadt in Rheinland-Pfalz. Sie hat etwa 50 000 Einwohner. Der Fluss Nahe fließt durch die Stadt.

Auf dem Foto sieht man die „Brückenhäuser" aus dem 15. Jahrhundert auf der alten Brücke über die Nahe. Sie sind das Wahrzeichen der Stadt.

In Bad Kreuznach gibt es die Crucenia-Therme, ein bekanntes Thermalbad. Besonders gegen Rheuma ist das Heilwasser gut. Es gibt auch viele Parks und ein Salinental. Dort kann man gesunde, salzige Luft atmen, weil salziges Wasser durch Holzgerüste läuft.

Menschen besuchen Bad Kreuznach, um sich zu erholen. Auch Wanderer und Radfahrer mögen die Gegend. Es gibt viele Wege durch Weinberge und Wälder.

Bad Kreuznach ist eine Stadt zum Wohlfühlen – ruhig, grün und mit viel Geschichte.

Feste:

Sankt Martin

Das Fest Sankt Martin geht auf eine alte Geschichte zurück. Der heilige Martin war unterwegs und es war kalt. Er sah einen Bettler und hatte Mitleid mit ihm. Er teilte mit dem Schwert seinen großen Mantel und gab dem Bettler die Hälfte.

Sein Todestag, der 11. November, wird jedes Jahr gefeiert und oft wird die Geschichte nachgespielt. Kinder gehen mit einer Laterne im Dunkeln. Licht symbolisiert das Gute, Dunkelheit das Schlechte. So wie Martin Gutes getan hat, soll auch in die Dunkelheit Licht kommen.

Zu Sankt Martin gibt es traditionell Gans mit Rotkohl und Klößen zu essen. Auch das geht auf die alte Geschichte zurück.

Der heilige Martin sollte zum Bischof geweiht werden.

Er war aber sehr schüchtern und versteckte sich in

einem Gänsestall. Die Gänse verrieten ihn durch ihr

lautes Geschnatter.

Im Kindergarten und in der Schule basteln die Kinder

Martinslaternen.

Sie singen das bekannte Lied dazu:

Ich geh mit meiner Laterne,

und meine Laterne mit mir.

Da oben leuchten die Sterne,

hier unten leuchten wir.

Mein Licht geht aus, ich geh nach Haus,

rabimmel, rabammel, rabumm.

Ich geh mit meiner Laterne ...

Sport:

Das Pedelec

Fahrrad fahren ist gut für die Gesundheit. Aber nicht jeder ist so sportlich, lange Strecken ohne Motor zu schaffen..

Ein Pedelec ist ein Elektrofahrrad. Man muss selbst in die Pedale treten und wird dann vom Motor bis zu 25 km/h unterstützt. Daher braucht man auch keinen Führerschein.

Man darf auf einem Radweg fahren. Pedelecs (bis 25 km/h) gelten rechtlich als Fahrräder.

Das Pedelec verbraucht für den Strom nur wenige Cent pro 100 Kilometer.
Ein Akku liefert den Strom und muss ca. alle 60 bis 120 km geladen werden.

Ein S-Pedelec fährt bis zu 45 km/h. Dafür braucht man einen Führerschein Klasse AM.

Viele Ärzte empfehlen das Fahren mit dem Pedelec. Es ist ein gutes Training für den ganzen Körper. Man muss die Muskeln bewegen wie bei einem normalen Fahrrad. Aber es belastet nicht das Herz und die Gelenke wie ein normales Fahrrad.

Und nun: Genießen Sie das Fahren mit Ihrem Pedelec.

Gesundheit:

1. Walnüsse

Walnüsse sind sehr gesund. Sie sind reich an ungesättigten Fettsäuren, Vitaminen und Spurenelementen. Sie können vor Diabetes und hohem Blutdruck schützen.

Der Walnussbaum wird bis zu 30 Meter hoch und kann 150 Jahre alt werden. Er stammt aus dem Mittelmeerraum und liebt ein mildes Klima.
Er war „Baum des Jahres 2008".

Ab einem Alter von 10 bis 20 Jahren tragen die Walnussbäume Früchte.
Bei einer guten Ernte gibt es bis zu 150 kg Nüsse.

Das Walnussholz ist ein Edelholz und wird oft für kleinere Gegenstände wie z.B. Uhren, Musikinstrumente oder Schachfiguren verwendet.

Man kann mit Walnüssen leckere Gerichte kochen und backen. Hier sind einige Rezepte:

Apfel-Walnusskuchen:

200 g Butter, 225 g Zucker, 3 Eier, Vanille, 1 Prise Salz, 1 Teelöffel Zimt, 300 g Mehl, 2 Teelöffel Backpulver, 100 g Walnüsse, gehackt, 350 g Äpfel, gewürfelt, 200 g Puderzucker, 4 Esslöffel Rum

Butter und Zucker verrühren, Eier einzeln unterschlagen, die Gewürze dazugeben. Mehl, Backpulver dazugeben und zuletzt Nüsse und Äpfel unterheben.

Bei 180 Grad 60 Minuten backen.

Walnusspesto:

150 g Walnüsse, 100 g Parmesan, 80 g getrocknete Tomaten, 3 Esslöffel Olivenöl mit einem Stabmixer zu

Pesto pürieren.

Schmeckt zu Nudeln oder Gnocchi.

Waldorfsalat:

1 mittelgroße Knollensellerie, 3 Boskop (säuerlicher Apfel), 200 g Walnusskerne, 3 Esslöffel Zitronensaft, Pfeffer, Salz

Walnüsse hacken, Sellerie schälen und reiben, Äpfel schälen und reiben.

Alles würzen und mit Zitrone und Mayonnaise vermischen.

Eine Stunde durchziehen lassen!

2. Haselnüsse

Haselnüsse sind als Nervennahrung bekannt. Sie haben einen hohen Gehalt an Lezithin, das auf die Nerven und das Gedächtnis wirkt, ebenso Mineralstoffe und Vitamin E. Manche Menschen sind aber auf Haselnüsse allergisch.

Der Haselnussstrauch wird bis 5 Meter hoch und kann bis 100 Jahre alt werden. Er ist in Europa und Kleinasien heimisch.

Die Haselnuss wird von Eichhörnchen, Vögeln oder Mäusen verbreitet.

Man verwendet die Haselnuss oft für Backwaren.

Haselnuss-Muffins:

200 Gramm Haselnüsse, gemahlen, 5 Eier, 250 Gramm Butter, 200 Gramm Zucker, Vanille, 2 Prisen Salz, 300 Gramm Mehl, 2 TL Backpulver

Creme: 400 Gramm Frischkäse, 125 Gramm Butter, 100 Gramm Puderzucker, 50 Gramm Haselnüsse, gehackt

Haselnüsse in einer Pfanne ohne Fett rösten. Eier trennen und das Eiweiß mit 1 Prise Salz und 100 g

Zucker steif schlagen.

Die Butter mit dem restlichen Zucker, 1 Prise Salz und Vanille verrühren, das Eigelb dazugeben. Mehl und Backpulver dazugeben, dann die Haselnüsse. Den Eischnee unterrühren.

Auf 16 Muffinförmchen verteilen und bei 180 Grad 45 Minuten backen.

Creme: Frischkäse, Butter und Puderzucker mischen, Haselnüsse unterheben, auf die Muffins spritzen.

Kindermund:

....

Das Telefon klingelt. Sabine (4) nimmt ab. Der Anrufer spricht Englisch.

„ May I speak to Mr. Smith, please? "

Sabine ist einige Sekunden überrascht und sagt dann: „ Rede nicht wie du, rede wie ich! "

....

Mama bringt Finn (3) zu Bett und sagt: „ Gute Nacht. Und träum was Schönes. "

Finn: „ Ja. Gummibärchen. Schokolade. ... "

....

Vater baut einen Schrank zusammen. Patrick (3) schaut zu.
Papa sagt: „ Gib mir mal den Bum-bum. "

Darauf Patrick: „ Meinst du den Hammer? "

....

Es ist bald Muttertag. Mia (5) fragt: „Was wünschst du dir denn zum Muttertag?"

Mama: „Nur liebe Kinder."

Mia: „Oh, das ist schwierig. Hast du noch einen anderen Wunsch?"

....

Emma (5) sieht in einer Zeitschrift ein Foto vom Bundestag in Berlin.

Die Sitzreihen stehen im Halbkreis.
Emma sagt: „Schau mal, Mama, ein Zirkus!"

....

Peter (7) fragt seine Mutter: „Wann bist du eigentlich geboren?"

Mama antwortet: „1988."

Peter: „Was? Da war noch kein 2000? Mensch, Mama, du bist aber alt."

K	A	R	T	O	F	F	E	L	K
U	P	B	Q	U	I	T	T	E	A
E	F	I	A	E	A	N	U	S	S
R	E	R	L	A	U	C	H	A	T
B	L	N	K	R	A	U	T	E	A
I	A	E	S	P	I	N	A	T	N
S	W	I	R	S	I	N	G	E	I
P	F	L	A	U	M	E	E	A	E
B	L	U	M	E	N	K	O	H	L
A	E	Z	W	I	E	B	E	L	A
P	I	L	Z	A	M	A	I	S	E

Suchrätsel Seite 28

Finden Sie 15 Wörter zum Thema Herbst.
U = UE

Lösung auf Seite 40

Rezepte:
Suppen im Herbst

Kürbissuppe:

2 kg Hokaido Kürbis, 6 cm Ingwer, 600 ml

Gemüsebrühe, 400 ml Orangensaft, 1 Becher

Schlagsahne, 2 Zwiebeln, 2 Esslöffel Öl, Salz und Pfeffer

Zwiebel und Ingwer schälen, fein würfeln und in Öl in

einem großen Topf andünsten. Kürbis würfeln, in den

Topf geben, mit anbraten und dann mit Gemüsebrühe

begießen. Saft und Sahne dazugeben. Etwa 25 Minuten

kochen. Pürieren und mit Salz und Pfeffer abschmecken.

Kartoffelsuppe:

400 g Kartoffeln, 1 Bund Suppengrün (Sellerie, Lauch, Karotte, Petersilie), 750 g Wasser, Salz, 1 Zwiebel, 20 g Butter oder Olivenöl, Gemüsebrühe, 100 g Creme fraiche, Muskatnuss, Pfeffer, Kreuzkümmel

Gemüse schälen und würfeln. In einem Topf Butter oder Öl erhitzen und Gemüse andünsten. Mit Gemüsebrühe angießen. Etwa 20 Minuten kochen. Gewürze und Creme fraiche dazugeben. Nach Belieben pürieren oder die Gemüsewürfel ganz lassen.

Linsensuppe:

400 g Linsen, ein Bund Suppengrün (Sellerie, Lauch, Karotte), 1 Kartoffel, 1 Liter Gemüsebrühe
Gemüse putzen und würfeln, in Öl anbraten, mit Brühe aufgießen, Linsen dazugeben, ca. 25 Minuten kochen.

Wie schreibt man das?

Biete oder bitte?

Menschen bei der Arbeit
Der Tierarzt

Guten Tag, Herr Kurz. Sie haben einen langen Arbeitstag als Tierarzt hinter sich. Sind Sie bereit, uns etwas aus Ihrer Praxis zu erzählen?

Dr. Kurz: *Ja, gerne. Was möchten Sie denn wissen?*

Was für Tiere behandeln Sie in Ihrer Praxis?

Dr. Kurz: *Es kommen viele Hunde und Katzen. Das sind die beliebtesten Haustiere. Außerdem Vögel, Fische, Mäuse und Ratten. Daneben besuche ich auch die Bauern mit ihren Nutztieren wie Kühe, Pferde, Schweine und Hühner. Exotische Tiere wie Schlangen oder Vogelspinnen sind selten.*

Welche Ausbildung haben Sie?

Dr. Kurz: *Ich habe an einer Hochschule Tiermedizin*

studiert. Danach habe ich eine Doktorarbeit geschrieben.
Nun kann ich auf meinem Schild „Dr. med. vet. Kurz"
schreiben. Das ist genau wie in der menschlichen Medizin.

Was macht Ihnen an Ihrem Beruf Freude?

Dr. Kurz: Ich gehe gern mit Tieren um. Ich kann auch den
Tierhaltern viele Tipps geben. Ich freue mich, wenn es
wieder besser geht.

Gibt es auch Situationen, die Ihnen nicht gefallen?

Dr. Kurz: Ja, natürlich. Manchmal kann ich nicht mehr
helfen und ein Tier muss eingeschläfert werden. Oder es gibt
schlechte Tierhalter. Was auch nicht so gut ist: Kühe oder
Pferde können mich treten. Ich muss sehr vorsichtig sein.
Ein Tier hat Schmerzen und wird dann aggressiv. Einige
Kollegen sind verletzt worden. Zum Glück ist mir das noch

nicht passiert.

Haben Sie zum Schluss noch einige Tipps für unsere Hundebesitzer?

Dr. Kurz: *Wichtig ist die Impfung. So ist der Hund gegen bestimmte Krankheiten geschützt. Sie müssen Ihren Hund auch etwa alle drei Monate gegen Würmer schützen. Fragen Sie Ihren Tierarzt nach der passenden Methode für Ihren Hund.*

Weiterhin ist es wichtig: Suchen Sie das Fell nach dem Spazierengehen nach Zecken ab und entfernen sie. Es gibt auch Spray, Halsbänder und andere Mittel gegen Zecken. Diese Mittel helfen auch gleichzeitig gegen Flöhe.

Vielen Dank. Wir wünschen weiter viel Erfolg und Freude an Ihrem Beruf.

Reim gesucht:

Im Herbst weht oft ein kalter Wind,

gut, wenn wir warm gekleidet s _ _ _.

Die Blätter wehen gelb und braun,

das ist lustig anzusch _ _ _.

Die Vögel ziehen in großen Schwärmen,

gen Süden, um sich aufzuw _ _ _ _ _.

Du willst jetzt nicht im Strandbad sitzen,

doch gerne in der Sauna schw _ _ _ _ _.

Kartoffeln, Äpfel und auch Pflaumen,

erfreuen uns im Herbst den G _ _ _ _ _.

Opa hackt das Holz zum Heizen,

dann müssen wir nicht im Winter g _ _ _ _ _.

Wissen:

Was bedeuten die Farben?

Farben sind überall. Sie sind in der Natur, in unserer Kleidung, in Wohnungen und auf Straßenschildern. Farben können Gefühle zeigen und eine bestimmte Stimmung symbolisieren. Jede Farbe hat eine bestimmte Bedeutung, oft auch mehrere.

Rot:

Rot ist eine starke Farbe. Sie steht für Liebe, Energie und Gefahr. Ein Herz ist rot, weil das Blut rot ist. Aber auch Stoppschilder sind rot – weil Rot auffällt.

Blau:

Blau ist ruhig und friedlich. Es erinnert uns an den Himmel oder das Meer. Viele Menschen sagen, dass Blau ihre Lieblingsfarbe ist, besonders Männer.

Grün:

Grün ist die Farbe der Natur. Sie steht für Leben, Hoffnung und Gesundheit. Grün ist sehr beliebt.

Gelb:

Gelb ist fröhlich und hell. Die Sonne ist gelb, deshalb macht diese Farbe gute Laune. Gelb steht für Freunde und Wärme.

Schwarz:

Schwarz ist eigentlich keine Farbe, sondern die Abwesenheit von Licht. In einer Höhle ist es dunkel, ebenso bei Nacht. Schwarz steht für Stärke, Eleganz, aber auch für Trauer. Viele Menschen tragen schwarze Kleidung, weil sie in Mode ist und zu allem passt.

Weiß:

Auch weiß ist eigentlich keine Farbe, sondern die Abwesenheit von Dunkelheit.

Weiß steht für Reinheit, Sauberkeit und Frieden. In vielen Ländern tragen die Bräute Weiß bei der Hochzeit. Weiß ist eine neutrale Farbe und passt zu allem.

Orange:

Orange ist lebendig und warm. Die Farbe erinnert an schmackhafte Südfrüchte wie Orangen oder Mango. Sie steht für Spaß, Energie und Bewegung.
Orange ist gut sichtbar und wird oft für Warnwesten oder Werbung genutzt.

Welche Farben sind beliebt?

Die beliebteste Farbe ist Blau, danach kommen Grün und Rot.

Die meisten Menschen haben eine Lieblingsfarbe.

Welche Farbe magst du am liebsten?

Lösungen:

Seite 28: Rätsel Ernte im Herbst

waagerecht: Kartoffel, Quitte, Nuss, Lauch, Spinat, Wirsing, Pflaume, Blumenkohl, Zwiebel, Pilz, Mais

senkrecht: Kürbis, Apfel, Birne, Kastanie

Seite 35: Reim gesucht:

sind, anzuschaun, aufzuwärmen, schwitzen, Gaumen, geizen

Bildnachweise:

Steffen Lüke: Seite 12 und 17

Alle anderen Fotos und Zeichnungen sind von Gisela Darrah.